DISCOURS
PRONONCÉS
DANS L'ACADÉMIE
FRANÇOISE,

Le Mercredi XIV Mai M. DCC. LXXXVIII,

A LA RÉCEPTION
DE M. DE FLORIAN.

A PARIS,

Chez DEMONVILLE, Imprimeur-Libraire de l'Académie Françoise, rue Christine, aux Armes de Dombes.

M. DCC. LXXXVIII.

M. DE FLORIAN ayant été élu par Messieurs de l'Académie Françoise, à la place de M. LE CARDINAL DE LUYNES, y vint prendre séance le Mercredi 14 Mai 1788, & prononça le Discours qui suit.

Messieurs,

Si l'honneur d'être admis parmi vous pénètre de reconnoissance l'Ecrivain qui peut vous offrir les plus beaux titres de gloire, quels sentimens ne doit pas éprouver celui qui, jeune encore, se trouve assis au milieu de ses maîtres ? Les illusions de l'amour-propre seroient peut-être pardonnables dans ce jour, mais elles ne m'éblouissent point ; ma sensibilité m'en garantit. Je perdrois trop de mon bonheur en imaginant le devoir à moi - même ; &

mon cœur jouit mieux d'un bienfait, que ma vanité pourroit jouir d'un triomphe.

Non, Messieurs, mes foibles essais n'auroient pas suffi pour me concilier vos suffrages; mais ils étoient soutenus par l'intérêt dont m'honore le Prince (1) que vous révérez tous; celui que soixante ans d'une vie pure & sans tache ont rendu l'objet de la vénération publique; dont le nom, tant de fois béni par le pauvre, n'a jamais été prononcé que pour rappeler une bonne action; qui, né dans le sein des grandeurs, comblé de tous les dons de la fortune, ignore s'il est d'autres jouissances que celle d'être bienfaisant; celui dont l'aimable modestie souffre dans ce moment de m'entendre révéler ses secrets, & qui aura peine à me pardonner la douce émotion que je vous cause; il a daigné solliciter pour moi : son rang n'auroit pas captivé vos ames fières & libres, mais ses vertus avoient tout pouvoir sur vos cœurs vertueux & sensibles.

Au désir de lui complaire en m'adoptant, s'est joint sans doute le motif de donner aux jeunes Littérateurs plus d'émulation & de courage. Vous avez voulu que je pusse leur dire : travaillez, le prix vous attend; consacrez à l'étude ce temps précieux de la jeunesse, perdu trop souvent dans de vaines erreurs; vous y trouverez des jouissances pures; vous éviterez des repentirs amers. En méditant sur la vertu, en cherchant toujours à la peindre; votre cœur, épris pour elle, s'enflammera du désir de pratiquer vos propres leçons. Votre talent prendra bientôt une nouvelle énergie (car le talent s'élève avec l'ame); vous deviendrez à la fois meilleurs, plus instruits, plus

---

(1) S. A. S. Mgr. le Duc de Penthièvre, présent à cette séance.

heureux. L'estime publique récompensera vos mœurs ; & vos juges, qui compteront vos efforts & non vos années, s'empresseront de récompenser vos plaisirs.

En effet, si l'amour du travail rend heureux dans tous les âges, il est sur-tout utile dans la jeunesse. C'est lorsque les passions fougueuses luttent sans cesse contre une raison foible ; lorsque le cœur sans défense, & ouvert, pour ainsi dire, de toutes parts, s'offre de lui-même à toutes les séductions ; que l'ame, avide d'émotions nouvelles, vole au devant de tout ce qui peut l'affecter ; c'est alors qu'il est nécessaire de donner de l'aliment à cette activité inquiète, de diriger vers un but utile cette ardeur dont on doit profiter, & d'arracher sa vie à l'ennui, après lequel marchent souvent les vices.

Vainement, dans le monde, s'occupe-t-on sans cesse d'échapper à cet ennui ; la peur qu'il y inspire prouve sa présence. Dans ces assemblées tumultueuses, où l'on s'est cherché sans désir, où l'on se quitte sans regret, l'homme capable de penser sent bientôt le vuide qui l'environne : il se trouve seul, sans être avec lui-même. Celui sur-tout que sa jeunesse soumet plus qu'un autre à ces vains dehors, à ces frivoles devoirs, la seule règle sur laquelle on le juge, ne peut, sans un danger extrême, déployer un moment son caractère. S'il ose désapprouver ce qu'il blâme, sa franchise paroît de l'orgueil ; s'il attend d'être convaincu pour se rendre, son courage est opiniâtreté ; s'il garde le silence, on le dédaigne ; & s'il parle, on l'humilie. Ah ! qu'il rentre dans l'asile où il a le droit de penser ! L'étude, en le préservant du tourment de dissimuler, ou du malheur de déplaire, lui donnera cette paix du cœur, premier & feul bien de la vie, abrégera les longues heures, charmera le moment préfent par les plaifirs qu'elle procure, embellira d'avance les jours futurs par les fuccès qu'elle promet, & fera revivre pour lui le paffé par les fruits qu'il en recueille fans ceffe.

 Inftruit de ces vérités dès mon enfance, l'efpérance que j'en ai conçue m'a valu plus de bonheur que la fortune n'en peut donner. Qu'il me foit permis de le dire! Que le févère cenfeur, prêt à me blâmer de ce que j'ofe vous entretenir de moi, daigne réfléchir qu'à mon âge on n'a pu étudier l'homme que dans foi-même! Et qui oferoit prétendre ici à dire des chofes nouvelles? Vous avez tout penfé, vous avez tout écrit; les expreffions répétées de mon inutile reconnoiffance ne fatisferoient que mon cœur; plutôt que de vous fatiguer de ce que je vous dois aujourd'hui, fouffrez, MESSIEURS, que je vous rende compte de ce que je vous ai dû dans tous les temps.

 Ce goût du travail, cet amour de la gloire me furent infpirés par vos Ecrits. Dès mon enfance, ils étoient dans mes mains. Que de charmes cette douce occupation a répandus fur mes jours! Elevé chez le digne Prince dont les bontés fefoient tout mon héritage, je contemplois de près la vertu, elle s'offroit à moi dans tous fes charmes; vos Ouvrages, en m'éclairant, m'apprenoient à la mieux fentir, à la refpecter davantage; je lifois chez vous le précepte, le même jour je voyois l'exemple.

 Forcé bientôt, par mon état, d'aller paffer mes jeunes années dans ces villes guerrieres, où l'homme fenfible eft fi souvent seul, où les amis sont d'autant plus rares que les compagnons sont plus nombreux, où le temps se partage sans cesse entre la fatigue & l'oisiveté : combien de fois j'ai trouvé dans vos Ecrits le délassement & la paix dont mon esprit avoit besoin ! Combien de plaisirs vous m'avez valu ! qu'il étoit doux pour moi, au sortir d'un exercice, d'aller relire sous un arbre les Géorgiques ou les Saisons ! Ou bien, me transportant en idée à ce Théâtre dont j'étois si loin, de verser des pleurs délicieux pour l'Epouse de Lincée ! Plus souvent, méditant les devoirs de l'homme, & cherchant à devenir meilleur, j'écoutois le vieillard Bélisaire, & je sentois mon ame s'élever, en même temps que mon esprit s'éclairoit. Je relisois ces Contes charmans où la brillante imagination embellit les préceptes de la morale, les fait pénétrer dans le cœur en flattant sans cesse le goût, & jette sur la vérité un voile riche & transparent, qui augmente ses charmes. Ainsi, je vivois avec vous, MESSIEURS, & je ne vous connoissois point encore ; vous étiez les bienfaiteurs de ma raison, & j'étois ignoré de vous.

Nourri de ces utiles lectures, je sentois déjà le besoin d'imiter ce que j'aimois, lorsqu'appelé par ma famille auprès de ce grand Homme que les siècles auront tant de peine à reproduire, je connus Voltaire ; je vis ce vieillard courbé sous les lauriers & sous les années ; rassasié de triomphes, & toujours prêt à rentrer dans la lice au seul cri de l'humanité ; attirant dans sa retraite, des extrémités du monde, les Princes, les voyageurs, & se plaisant davantage à donner un asile aux infortunés ; honoré de l'amitié, des bienfaits de plusieurs

Souverains, & partageant avec l'indigence les biens que la Fortune étonnée avoit laissé conquérir au Génie.

Ce beau spectacle m'enflamma; je me livrai sans résistance au charme qui m'entraînoit. Sans examiner si j'avois reçu de la Nature une étincelle de ce feu sacré dont vous seuls, Messieurs, conservez le dépôt, je pris mon ardeur pour de la force, & mon attrait pour du talent. J'écrivis; dès ce moment, toutes mes jouissances furent doublées, toutes les facultés de mon ame s'augmentèrent, toutes mes sensations devinrent plus vives; rien ne fut plus indifférent à mes yeux. L'aspect d'une campagne riante me transporta; le chant des oiseaux, le murmure de l'onde, le tranquille silence des bois, tout me parla, tout me fit éprouver des émotions qui m'étoient inconnues. L'arbre que je n'avois pas daigné regarder m'arrêta sous son ombrage, me fit rêver délicieusement; la solitaire fontaine que je n'avois cherchée autrefois que pour m'y désaltérer, je la cherchai pour m'y plaire, pour écouter le bruit de ses eaux. Les déserts mêmes, les monts escarpés, les lieux incultes & sauvages eurent des charmes pour moi; tout s'embellit à mes regards : chaque objet, devenu modèle, me fit méditer un nouveau tableau; je sentis enfin la Nature, premier bienfait de l'amour des Arts.

Animé par les encouragemens que l'indulgence accorde toujours aux premiers efforts, j'osai me présenter dans la lice où vous seuls, Messieurs, donnez la couronne. Vous me sûtes gré de mon émulation, vous sourîtes à mon ardeur, & votre bonté la récompensa; bientôt, plusieurs d'entre vous, amis, elèves, compagnons de gloire de Voltaire, voulurent s'acquitter envers moi

de

de ce qu'ils penſoient lui devoir. Celui, ſur-tout, que vous pleurez encore, quoique ſi dignement remplacé, celui qui fit tant d'honneur aux Sciences, aux Lettres, à l'humanité, dont le nom reſpecté de tous les Savans de l'Europe, étoit encore chéri de l'indigent; d'Alembert m'honora de ſon amitié. Celui que l'élite de la Capitale court applaudir avec tranſport, lorſqu'il révèle dans le Licée les ſecrets de cet Art ſublime qui lui inſpira Warvich, Philoctète & Mélanie, l'infaillible interprète du goût daigna me donner des leçons. Le Chantre heureux des Plaiſirs champêtres, l'harmonieux Traducteur de Théocrite & de Pindare, le ſage Hiſtorien du Roi, père des Lettres, & le noble Guerrier qui, couronné de la main des Muſes, comblé des honneurs militaires, quitte envers ſa patrie & ſon nom, libre de jouir déſormais d'un repos & d'une gloire achetés par des ſuccès, abandonna ce repos, ſon pays, ſes amis, ſes goûts, pour aller s'aſſocier aux dangers des Waſington & des La Fayette; tous ceux pour qui Voltaire vivoit encore me tendirent la main, ſoutinrent mes pas chancelans, & m'entraînant malgré ma foibleſſe, ils m'ont conduit à leur ſuite juſques dans ce Sanctuaire. Ainſi, quelquefois de vaillans Capitaines élèvent aux honneurs un jeune Soldat, parce qu'ils l'ont vu ſervir enfant ſous les tentes de leur Général.

Quels devoirs vous m'avez impoſés, MESSIEURS! quelles obligations je contracte! Ce n'eſt point ma vaine reconnoiſſance qui peut juſtifier votre adoption, ce n'eſt point cet amour du beau que jai puiſé dans vos Ouvrages, ni ce ſtérile déſir d'approcher de ce que j'admire; il faut

* B

d'autres titres ; fans doute, pour ofer s'affeoir fans effroi, à cette place que tant de grands Hommes ont occupée, pour ofer porter mes regards fur ces murs facrés, où les ombres illuftres de l'immortel Richelieu, du vertueux Séguier, du plus magnanime de nos Rois, femblent, toujours attentives, juger févèrement chacun de vos choix. Que dis-je ? Ai-je befoin de porter fi loin ma vue ? Cette place vide, ce trifte deuil qui doit fi long-temps obfcurcir vos fêtes, votre douleur muette & profonde, tout me dit affez que vos pertes font irréparables. Il vient de vous être ravi, ce génie vafte & profond, qui, embraffant l'immenfité de la Nature, trouva dans fon imagination autant de tréfors que dans fon modèle ; s'élança d'un vol hardi par delà les bornes de notre Univers; &, non content d'avoir pénétré tous les fecrets du préfent, voulut encore arracher le voile qui couvre l'avenir & le paffé ; à qui toutes les Nations éclairées venoient foumettre leurs doutes & apporter en tribut leurs découvertes nouvelles, comme au feul homme qui pût interpréter le filence du créateur ; Buffon n'eft plus ; vous avez perdu l'immortel Ecrivain dont la vie peut être comptée au nombre des époques de la Nature.

Votre préfence, MESSIEURS, peut feule adoucir nos regrets ; redoutable pour moi feul, elle eft raffurante pour la Nation. Comme François, je m'enorgueillis en regardant ceux qui nous reftent ; comme votre Confrère, je tremble, en contemplant ceux qui m'adoptent. Là, c'eft le rival de Shakefpear ; ici, l'émule de Tacite ; ici, l'éloquent défenfeur de l'humanité fouffrante, à qui les Sciences doivent des lumières, à qui le pauvre devra des afiles; là, ce confident de la Nature, qui fut nous tracer de la même main les amours naïfs de la jeune Rose, & l'adorable caractère du Philosophe sans le savoir; à qui son ame seule apprit l'art d'émouvoir les cœurs; & qui possède ce talent si sûr, comme son Philosophe possède ses vertus, sans effort & sans vanité : par-tout je vois des titres de gloire, & chacun de vous me fait mesurer avec effroi l'intervalle qui me sépare de lui.

Mais c'est au milieu de ces frayeurs même que j'éprouve de nouveaux bienfaits de mon amour pour le travail. Oui, je redoublerai d'efforts; oui, je prends ici l'engagement de consacrer ma vie entière à mériter ce beau jour; de tout employer, de tout tenter pour me rendre digne du titre dont vous m'avez honoré. En sortant de ce triomphe, je rentre dans la carrière; &, la couronne sur le front, je vais combattre avec plus d'ardeur que s'il falloit encore l'obtenir.

Guidé par vous, MESSIEURS, je le trouverai, peut-être, ce naturel aimable, cette simplicité touchante, cette délicatesse de sentimens que j'ai toujours, non pas cherchée, mais désiré de rencontrer. Vous remplacerez le Maître qui devoit m'apprendre ces heureux secrets; celui qui daigna sourire aux foibles sons de ma flûte pastorale, & diriger mes premiers pas dans la carrière qu'il avoit parcourue avec tant de gloire. Par quelle fatalité m'a-t-il fallu déplorer sa perte, au moment même où votre bienfait répandoit la joie dans mon ame ! Le bonheur n'est jamais sans mélange ; j'ai perdu Gesner quand vous m'adoptiez. Les félicitations de mes amis ont été troublées par les plaintes dont retentissent les monts Helvétiques, par les regrets de tous les cœurs sensibles qui redemandent Gesner à ces plaines, à ces vallons qu'il a dépeints tant de fois ! ce printemps qui renaît sans lui, & qu'il ne chantera plus. Ah ! quoiqu'il ne fût pas François, quoiqu'il ne tînt à cette Académie que par ses talens & par ses vertus, qu'il me soit permis, au milieu de vous, de lui offrir mon tribut de respect, d'admiration ! Que mes nouveaux bienfaiteurs me pardonnent la reconnoissance, & me laissent jeter de loin quelques fleurs sur le tombeau de mon ami ! sur ce tombeau où la piété filiale, la tendresse paternelle, la discrète amitié, l'amour pur & timide pleurent ensemble leur Poète ! Le Chantre d'Abel, de Daphnis, le Peintre aimable des mœurs antiques, celui dont les Idilles touchantes laissent toujours au fond de l'ame ou une tendre mélancolie, ou le désir de faire une bonne action, ne peut être étranger pour vous. En quelques lieux que le hasard les ait placés, tous les grands talens, tous les cœurs vertueux sont frères ; ils ressemblent à ces fleurs brillantes, qui, dispersées dans tout l'univers, ne forment pourtant qu'une seule famille.

Mais un devoir plus sacré que cette dette de reconnoissance m'appelle vers un autre objet. Il est temps que je rende hommage à la mémoire du digne Prélat, du vertueux Confrère que vous regrettez. Heureusement pour moi, MESSIEURS, l'éloquence n'est pas nécessaire pour louer M. le Cardinal de Luynes ; & des discours arrangés avec art ne peindroient pas le caractère de l'homme, le meilleur & le plus simple qui ait jamais existé ; de l'homme qui, né à la Cour, destiné par sa naissance aux premières dignités de l'Eglise, appelé par son devoir dans la ville la plus politique du monde, à Rome, a toujours agi d'après ses paroles, a toujours parlé d'après son cœur. C'étoit son guide & son conseil. Son intérêt n'étoit rien, sa conscience étoit tout. Soumis à ce Juge sévère, dont les arrêts sont toujours sûrs, l'écouter, le croire, & le suivre, n'étoient en lui qu'un seul mouvement. La bonne action qu'il pensoit étoit déjà commencée ; le sentiment qu'il éprouvoit étoit déjà sur ses lèvres. Son ame étoit son unique maître ; elle commandoit, il obéissoit ; elle l'inspiroit, il parloit ; elle étoit attendrie, il donnoit.

Cette simplicité si aimable, ce caractère constant de modestie & de bonté pouvoient faire penser à tous ceux qui ont connu M. le Cardinal de Luynes, qu'il avoit puisé ses vertus à l'école de Fénelon ; car il est peut-être une école pour la vertu, comme il en est une pour le talent. En étudiant l'Elève, on reconnoissoit le Maître ; & l'on ne se trompoit point. En effet, le jeune Luynes avoit passé ses premières années auprès de cet homme divin, dont le nom seul fait du bien au cœur : Fénelon l'attiroit à Cambray ; Fénelon, sans doute, avoit aperçu dans lui le germe des vertus touchantes qu'il devoit si bien reconnoître ; il se plaisoit à les cultiver. Le souvenir qu'en conserva toujours son Disciple, étoit la plus douce jouissance de sa vie. Il en parloit avec transport ; & le nom de Fénelon doit rendre intéressant tout ce qu'il en disoit : *J'étois trop enfant*, répétoit-il souvent, *pour avoir retenu les discours de ce grand Homme ; mais j'ai bien présens le plaisir, l'admiration, l'espèce d'extase que nous éprouvions tous lorsqu'il parloit : elle se communiquoit*, ajoutoit-il naïvement, *jusqu'à nos domestiques ; & quand nous étions à table avec lui, transportés comme nous de l'entendre, ils ne pouvoient plus nous servir.*

Le doux spectacle des vertus de Fénelon, du bien qu'il fesoit dans son diocèse, de l'amour qu'on lui portoit, devoit remplir d'émulation un Disciple digne du Maître. A l'âge où la plupart de ses égaux, à peine échappés de la gêne d'une éducation finie sans être achevée, consacrent les prémices de leur liberté aux passions & aux plaisirs, l'Abbé de Luynes vint s'enfermer dans le plus austère des séminaires, & méditer les grands exemples dont il avoit été témoin. Là, il recommença ses études ; il développa & nourrit ce goût pour les Beaux-Arts qu'il n'a cessé de cultiver. La Langue Latine, l'Italienne lui devinrent familières ; la Poésie, l'Eloquence, l'Astronomie, la Peinture le délassèrent de ses travaux. Rien ne lui coûtoit : la Nature, sans lui accorder ces grands talens qu'elle fait souvent payer si cher, lui avoit donné la facilité de tout apprendre, le goût nécessaire pour jouir de tout, & cette modération si désirable, qui empêche de se tourmenter de rien.

Ces talens, qu'il avoit acquis sans efforts, suffisoient pour remplir ses loisirs, mais ne pouvoient remplir son ame. Pressé du besoin d'être utile, il alla exercer son saint ministère dans le diocèse de Bayeux. Là, sa piété, son zèle, son aimable douceur, son attirante bonté lui gagnèrent tellement les cœurs, que le peuple entier, à la mort de son Evêque, proclama hautement pour son successeur l'Abbé de Luynes, alors âgé de vingt-six ans. Cette nomination si nouvelle, si flatteuse, fut respectée par la Cour, confirmée par le Cardinal de Fleury ; & le jeune Prélat, qui arrivoit aux dignités comme les premiers Pasteurs de l'Eglise, voulut encore leur ressembler par ses vertus, quoiqu'il eût à combattre de plus qu'eux, un grand nom, une grande fortune, & son âge.

Ce n'est pas dans cette Assemblée, où le Clergé François compte ses Membres les plus illustres, que je craindrai d'entrer dans des détails importuns en vous représentant M. le Cardinal de Luynes sans cesse occupé de ses grands devoirs : tout ce que peut inspirer la charité la plus ardente, l'amour le plus tendre de la Religion, de l'humanité, & cette piété véritable, qui, selon Massillon, n'est autre chose que la perfection de l'ordre, étoit pratiqué par lui à chaque heure de ses journées. Tantôt visitant les collèges ou l'Université de Caën, que lui seul avoit rétablie, il alloit, par des discours pleins de sagesse & d'éloquence, faire naître dans la jeunesse l'amour des mœurs & des Beaux-Arts. Tantôt exhortant les Ministres qui devoient l'aider dans ses travaux, il les animoit au bien par les promesses, par les bienfaits, par tout ce qui peut aiguillonner le zèle ou réveiller l'indolence. Jaloux de ne pouvoir se faire craindre, il vouloit obtenir les mêmes effets à force de se faire aimer. Tantôt parcourant seul les villages de son diocèse, il alloit voir les Laboureurs, se pressoit de gagner leur confiance, écoutoit leurs longues plaintes, les consoloit, ne se lassoit point de les entendre encore, entroit avec eux dans le détail de leurs besoins, de leurs familles, de leurs querelles particulières ; leur parloit avec cette douceur, cette onction, cette paternité qui lui étoient si naturelles ; partageoit avec eux ce qu'il avoit, leur donnoit des délégations sur ses Fermiers, lorsque sa bourse étoit épuisée ; &, après les avoir consolés, secourus, réconciliés, il montoit dans la chaire du Pasteur du lieu ; & là, sans méditation, sans chercher ni les mots, ni les choses, son éloquence facile se proportionnoit à ceux qui devoient l'entendre, se rabaissoit sans se dégrader. Les images les plus touchantes, les expressions simples & justes, les préceptes les plus utiles sortoient en foule de sa bouche. Son cœur en étoit si rempli, qu'il n'avoit pas besoin de travail pour les trouver : l'espèce de désordre qui régnoit dans ses pensées, sembloit ajouter à la vérité de ce qu'il prouvoit ; il persuadoit, parce qu'il étoit persuadé lui-même, & prêchoit avec fruit les vertus dont il venoit de donner l'exemple.

Son active charité ne voulut pas, lorsqu'il changea de Siège, que son troupeau perdît à la fois & les bienfaits & le bienfaiteur. Non, leur dit-il, je suis votre père, j'emporterai ce nom si doux dans le tombeau ; je saurai chérir mes nouveaux enfans, sans déshériter les premiers. Fidele à cette promesse, trente-cinq ans se sont écoulés, & Bayeux n'a perdu qu'à sa mort les secours qu'il y répandoit. Ceux qu'il donnoit à Sens n'en étoient pas moins nombreux. Il n'en avoit pas moins bâti des collèges, doté des séminaires, soutenu de pauvres familles. Son amour pour le bien savoit multiplier ses ressources. Il n'avoit jamais assez de richesses pour augmenter son luxe, il s'en trouvoit toujours assez pour augmenter ses dons ; & lorsqu'on lui demandoit avec surprise comment il pouvoit suffire à ces immenses charités : Ah ! répondoit-il en souriant, *vous ne savez pas combien l'on est riche quand on ne dépense que pour donner.*

Tant de bonté, tant de bienfaisance fut payé du prix le plus doux, fut acquitté peut-être par une seule marque de l'amour des Peuples que vous me sauriez mauvais gré de ne pas vous rapporter.

Vingt-cinq ans après qu'il eut quitté Bayeux, un de ses
Grands

Grands Vicaires (1), son ami, & digne de l'être, passe, en voyageant, dans un village de ce diocèse. Il s'y arrête pour remplir un devoir de piété. Tandis qu'il est à l'église, on apprend dans le village que cet étranger est attaché au Cardinal de Luynes. A ce nom, tout le monde quitte l'ouvrage; hommes, femmes, enfans courent, à la porte du temple, attendre le Grand Vicaire. Dès qu'il paroît, on l'environne, on le presse: tous lui demandent avec des sanglots des nouvelles de leur bon Evêque. On multiplie les questions sur sa santé, sur son bonheur. Les vieillards s'interrompent les uns les autres, pour se vanter de l'avoir vu, de l'avoir possédé dans leurs chaumieres, d'avoir reçu ses bienfaits. Les enfans se pressent de prouver qu'ils ont appris de leurs meres à bénir son nom chéri. Tous chargent cet homme heureux qui vit avec lui, qui le voit tous les jours, de lui parler de ses anciens amis, de son premier troupeau, qui pleure toujours son Pasteur. Le Grand Vicaire, attendri, ne peut répondre aux questions, aux bénédictions redoublées; il part les larmes aux yeux, il va raconter ce qu'il a vu au digne objet de tant de regrets; & les pleurs que le Cardinal verse lui-même, sont la plus digne récompense de quatre-vingts ans de vertus.

Ces traits si touchans, ces bienfaits si nombreux ont fait peu de bruit sans doute, parce que l'homme simple & bon craint la louange & cache ses plaisirs. La bonne action qu'il vient de faire est un secret entre Dieu & son cœur; l'un la fait, l'autre en a joui, il en est plus que récompensé. Il s'occupe de chercher de nouveaux infortunés;

---

(1) M. l'Abbé de Montbourg.

* C

mais il n'a pas befoin des gens heureux : de tous les humains, ce font les feuls qui lui foient indifférens.

Forcé de venir à la Cour, & d'aller trois fois au Conclave, M. le Cardinal de Luynes y porta cette candeur qui étoit le grand caractère de fon ame. Paifible au milieu des orages, eftimé de tous les partis, fans fe laiffer afservir par aucun, honoré d'une faveur qu'il n'avoit pas recherchée, appelé par plufieurs voix au trône pontifical, il regarda toujours les honneurs fans dédain, comme fans envie ; & réfervant pour fes feuls devoirs toute l'énergie dont il étoit capable, l'homme qui n'auroit pu faire un pas pour des dignités ou des richeffes nouvelles, étoit levé dès l'aurore, & fortoit du Vatican, comme du palais de nos Rois, pour aller lire l'Evangile au peuple.

Telle fut fa vie à Bayeux, à Sens, à la Cour, dans la Capitale du Monde chrétien, pendant cinquante-neuf ans d'épifcopat. Je l'ai racontée, fon éloge eft fait.

Sur-tout gardez-vous de penfer, MESSIEURS, que l'efpérance de vous plaire m'ait fait embellir ce tableau. J'en attefte fa famille en pleurs, qui, déjà glorieufe de tant d'aïeux illuftres, le fera davantage de tant de vertus; & fes amis affligés qui fe rappellent avec attendriffement ces entretiens fi aimables qu'il favoit toujours animer ; fans jamais s'en emparer feul; qu'il égayoit, fans qu'ils devinffent moins purs; & qu'il rendoit inftructifs, fans qu'ils paruffent plus graves. J'en attefte fur-tout ceux qui ont habité dans les lieux où on le pleure, qui ont été les témoins des larmes dont le pauvre a baigné fa tombe, du défefpoir de tant de familles dont il étoit le foutien ; & ceux qui, lui repréfentant qu'il étoit convenable d'exiger plus de fes fermiers, puisque les abbayes qu'il possédoit depuis près d'un demi-siècle avoient triplé de valeur, n'en reçurent que cette réponse : *Tant mieux pour eux & pour moi ; leurs filles en seront mieux mariées ; & le compte que je dois à Dieu en sera plus facile à rendre.*

Il est encore un garant plus sûr des vertus que j'ai taché de vous peindre, c'est la bonté, l'amitié constante (j'ose me servir de ce mot, en parlant d'un Prince qui sut aimer) dont l'honora le Dauphin, père de notre auguste Monarque. Il choisit le Cardinal de Luynes pour l'attacher à sa digne Epouse, il lui procura la pourpre romaine, & ordonna que ses cendres reposassent dans l'église du Pasteur qu'il avoit aimé. Combien pur devoit être le cœur qui convenoit au cœur du Dauphin ! de ce Prince qui, moissonné à la fleur de l'âge, & sur les degrés du Trône, a laissé une mémoire plus glorieuse, plus chérie que celle de plusieurs grands Rois ; de ce Prince qui nous annonçoit la piété de Saint-Louis, avec la sagesse de Charles V, & que nous pleurerions encore, si l'auguste Fils qu'il nous a laissé n'avoit hérité de ses vertus, sur-tout de cette bonté, de cette droiture du cœur, que la France, l'Espagne, & l'Italie adorent dans nos Bourbons. Fidèle imitateur d'un père adoré, ses seules passions sont l'amour du bien & le soulagement des peuples. Il les consulte eux-mêmes sur leurs besoins, leur expose ceux de l'Etat, &, demandant la vérité, la désirant avec plus d'ardeur que tant d'autres Rois n'ont appelé la flatterie, il s'impose les sacrifices les plus pénibles, dans l'espoir de les épargner à ses sujets. Aidé par le sage Ministre qu'il a choisi dans votre sein, & dont la noble famille est destinée dès long-temps à être utile à la France, il parviendra bientôt sans doute à faire naître cette paix, cette félicité publique que son auguste Compagne désire aussi vivement que lui, & qui seules peuvent ajouter aux charmes de l'union des graces & de la vertu.

Mais ce n'est point à ma foible voix à prévenir la postérité ; j'aurois à peine osé louer devant vous celui à qui j'ai l'honneur de succéder, s'il eût fallu pour cet éloge d'autre talent que la simplicité d'un récit. Je n'ai pas craint de vous rapporter une longue suite de bonnes actions, parce qu'après le plaisir de les faire, il n'en est point de plus doux que celui de les entendre. D'ailleurs elles ont dû acquérir un nouveau degré d'intérêt & de vraisemblance par la présence de deux Princesses, dont l'une, appelée par son rang & par des devoirs chéris de son cœur auprès d'une Reine bienfaisante, ne veut de crédit que pour être utile, & de faveur que pour être aimée ; dont l'autre, modèle adoré des filles, des épouses, des mères, en vivant toujours pour les autres, rend impossible à tout ce qui l'entoure de pouvoir vivre autrement que pour elle ; n'a jamais cherché que sa propre estime, & s'est attiré un culte public, s'étonne qu'on lui sache gré de devoirs qui sont ses plaisirs ; & que nous voyons placée entre l'exemple & la récompense de ses vertus, son père, qu'on auroit cru inimitable, sans elle, & ses enfans, qui déjà ressemblent à leur aïeul (1).

(1) LL. AA. SS. Madame la Duchesse d'Orléans, les Princes ses fils, Madame la Princesse de Lamballe, présens à cette assemblée.

RÉPONSE de M. SÉDAINE, Directeur de l'Académie, au Discours de M. DE FLORIAN.

MONSIEUR,

De toutes les ambitions permises à un homme de Lettres, la plus satisfaisante, sans doute, est celle de se faire aimer par le caractère de ses Ouvrages.

Mais quelle que soit l'étendue d'esprit que la Nature lui accorde, l'avantage le plus précieux lui manque, s'il ne trouve pas dans son cœur la source inépuisable des sentimens qu'il veut peindre : en vain par ses connoissances littéraires, par l'étude des grands modèles, par l'application assidue & profonde des bons principes ; en vain il s'efforceroit de suppléer à ce charme indéfinissable qui tire de sa propre émotion les moyens de la communiquer aux autres.

Ce don si rare, MONSIEUR, forme le caractère distinctif de vos productions, où jamais l'esprit, pour donner de l'éclat au style, n'affoiblit le sentiment ; il frappe avec d'autant plus de force, que, sans s'écarter du fond du sujet, il est presque toujours inattendu ; car l'expression en est naïve & simple.

Cette simplicité d'expression n'exclut jamais, dans les personnages que vous mettez en scène, la grandeur & la noblesse, même dans les états qui pourroient se dispenser d'en montrer; c'est, je crois, cette vocation naturelle à les représenter ainsi, qui dès vos premiers pas dans la carrière des Lettres vous a déterminé à interroger, non les Muses d'une Nation dont la qualité brillante est d'être fine & spirituelle, mais les Ecrits de celle qui joint à cet avantage, des sentimens de grandeur & de fierté, modérés par ceux de tendresse & de galanterie, qui ne peuvent exalter la tête qu'en partant du cœur.

Galatée, ce Roman pastoral que vous avez imité de Cervantes, a d'abord fixé sur vous l'attention du Public; sans connoître même l'Ouvrage original, on est convenu qu'il n'étoit pas possible que vous n'eussiez rendu à l'Auteur espagnol le plus grand service, en lui prêtant les charmes de notre Langue, soit que vous marchiez sur ses pas, ou que vous racheviez la carrière qu'il avoit tracée.

Ce genre charmant, qui, en peignant les mœurs champêtres, si éloignées de la corruption des villes, nous montre l'homme dans la simplicité des premiers âges, ne peut, sans beaucoup d'art, se faire goûter dans nos climats, au milieu du tumulte de nos cités.

Plusieurs hommes de Lettres, distingués par leur esprit, Durfé, Segrais, Fontenelle, ont eu dans ce genre un succès mérité; mais ils sont restés inconnus aux classes inférieures de la société : elles ne pouvoient avoir l'idée de cette jouissance que rien ne trouble en ces régions méridionales, où la Nature, favorisant l'indolence, a tout prodigué pour la satisfaire, & où les ames, plus disposées à la tendreſſe, ne connoiſſent de beſoins réels que ceux du cœur.

Vous avez, MONSIEUR, vaincu pour nous la difficulté d'attacher par ces tableaux ; auſſi, plus heureux que ceux qui vous ont précédé, votre Ouvrage s'eſt fait lire dans toutes les claſſes des citoyens. Il eſt vrai, & ma remarque ne diminuera point le mérite de vos Ecrits, il eſt vrai que le goût de la lecture, excité par la curioſité des Papiers publics, eſt devenu néceſſaire ; il s'eſt propagé dans tous les rangs, & les connoiſſances importantes dont la multitude même commence à ſe pénétrer, ont contribué à ſon plaiſir & à votre gloire.

C'eſt en intéreſſant la ſenſibilité de vos lecteurs, que vous avez captivé leur ſuffrage ; ce moyen eſt tellement le vôtre, cette qualité précieuſe eſt tellement inhérente en vous, que vous en avez mis l'empreinte ſur des genres qui n'en paroiſſoient pas ſuſceptibles.

Vous avez haſardé à l'un de nos Théâtres quelques petites pieces, fruits de vos loiſirs & de vos amuſemens. Dans ce genre de drames, le principal perſonnage n'avoit, juſqu'à vous, été connu que par ſa balourdiſe & ſes facéties bergamaſques ; il devient ſous votre plume un être ſenſible, bon mari, bon pere, bon maître ; il force preſque l'auditeur au reſpect, par ſes vertus naïves ; & par-là, vous nous avez prouvé que nous aimons à rendre hommage à quiconque remplit les devoirs les plus chers à l'humanité, en quelque rang que l'ait jeté le caprice de la fortune ou le haſard de la naiſſance.

Il faut convenir cependant que ce tribut d'hommage n'eſt jamais payé avec plus de ſatisfaction, que lorſqu'il s'adreſſe aux perſonnes les plus éminentes. Qui de nous ne l'éprouve ? qui n'aime à changer ſon reſpect en vénération, lorſqu'il attache ſes regards ſur la vie entière d'une grande Princeſſe, qui, fille affectionnée, épouſe fidèle, & mère tendre, a placé ſes plus grands plaiſirs dans ſes devoirs envers ſon père, ſon époux, & ſes enfans; poſtérité brillante dont l'éducation ſolide promet les mêmes vertus, & de grands Hommes à la patrie.

Cette réflexion, MONSIEUR, née de la vérité plus que de la circonſtance, me conduit naturellement à parler d'un de vos Ouvrages, important par le fond & par les motifs; il a fait voir que vos penſées pouvoient s'élever du ſiège de gazon où vous vous complaiſiez à les entretenir, juſques aux réflexions ſublimes & profondes, dignes du Trône & des regards des Souverains.

Votre génie, en prenant un vol plus haut, a oſé s'emparer des grands noms, & faire parler Zoroaſtre & Numa.

Votre Numa Pompilius, inſpiré par la ſageſſe, ſous les traits de l'amour & de la beauté (& votre dédicace en a fait une heureuſe application), Numa Pompilius que vous avez fait paſſer par l'école auſtère de l'adverſité, par les routes pénibles, qui ſeules mènent à la perfection, Numa s'élève enfin, par le choix des peuples, à l'auguſte & ſuprême magiſtrature. Sa bonté, ſa vigilance, & ſa fermeté en règlent ſi bien tous les devoirs, qu'en lui les noms de père & de Roi n'ont plus que la même acception, ils deviennent ſynonymes; & dans le temps où nous vivons la Langue françoiſe peut ne leur donner qu'une même ſignification.

En

En compofant ce Roman moral, s'il vous eût été poffible, Monsieur, d'effacer les traces fur lefquelles vous avez effayé de marcher, votre fincérité ne vous l'eût pas permis ; vous avez mieux aimé, fier d'être furpaffé par la concurrence, vous livrer aux fentimens de refpect dont vous êtes pénétré pour l'illuftre Auteur de Télémaque, vous foumettre tout entier à fa haute fupériorité, mettre à fes pieds le fruit de vos veilles, & l'offrande n'a point déparé l'autel.

Après cet Ouvrage qui exigeoit de l'imagination, de la profondeur, & une connoiffance raifonnée de l'hiftoire du fiècle où vous faites agir votre héros, vous avez cherché un délaffement dans votre propre domaine, vous êtes rentré dans vos foyers, en nous donnant le joli Roman d'Eftelle. L'hommage que vous y rendez aux lieux qui vous ont vu naître, eft une nouvelle preuve de cette fenfibilité qui vous caractérife. Les romances que vous avez trouvé l'art de joindre à la narration, en fufpendent agréablement la marche, fans interrompre l'intérêt. Elles n'arrêtent le lecteur, que pour lui préfenter fur fa route des fleurs qui, pour être nées dans les campagnes, n'en ont pas moins de couleurs & de parfums. La Mufe lyrique a penfé avec raifon que ces romances lui appartenoient ; & elle s'eft affuré des bouches de la renommée, en occupant celles que nous écoutons avec tant de plaifir.

Peut-être entrerois-je, fur cet Ouvrage, en des détails plus étendus, fi je ne craignois que la partie la plus aimable de cette affemblée n'eût à me reprocher d'avoir maladroitement paffé fous filence les tableaux, les images, & les fentimens qui, dans cette paftorale, ont affecté fon ame par les réflexions les plus tendres & les émotions les plus vives. Peùt-être auffi qu'en remettant fous fes yeux les facrifices, les dévoûmens, & la foumiffion parfaite des bergers qui y font mis en fcène, je craindrois qu'elle n'en fît une comparaifon peu favorable à la conduite de la plupart des hommes dans leurs fentimens paffionnés.

Glorieux avec juftice de fon fuffrage unanime, non, Monsieur, vous ne regarderez point votre entrée à l'Académie comme une retraite honorable, qu'elle a quelquefois accordée à l'âge & à de longs travaux, mais plutôt comme un nouveau motif de remplir l'efpérance que vos Ouvrages ont déjà donnée.

Si vous n'étiez pas convaincu que vous devez aux Lettres tous les momens que vous pourrez leur confacrer, vous n'en auriez pas, en préfence de cette affemblée refpectable, non, vous n'en auriez pas pris l'engagement authentique avec tout l'élan d'une ame qui brûle du défir de bien faire.

Ainfi, vous avez levé tous les doutes fur le befoin d'être excité ; & fi je m'étois permis d'en avoir le foupçon, je vous aurois dit : Suivez les exemples qui s'offrent à vos regards dans la Compagnie qui vous affocie à fa gloire ; imitez cet homme de Lettres que la Nation regrette encore, l'Auteur fublime des Eloges des d'Agueffeau & des Defcartes ; voyez, vous dirois je, l'Auteur de Warvick, cet Académicien que tant de travaux ont fait choifir fi juftement pour être l'un des organes de ce Licée, où, fous les aufpices d'un grand Prince, les infpirés du Dieu des Sciences & du goût font entendre leurs voix. Prenez, aurois-je ajouté, prenez pour exemple cet Académicien qui, jeune encore, osa se mesurer avec un Immortel, avec le plus grand Poète du siècle d'Auguste, & qui, pour l'honneur de sa Nation, ne craignit point de se charger d'une rivalité dangereuse, & de lutter avec les expressions d'une Langue claire, il est vrai, mais peut-être un peu sourde & prolixe, contre la riche prosodie & l'énergique précision de la Langue latine.

Ces trois athlètes, MONSIEUR, se sont, ainsi que vous, présentés aux portes de l'Académie, le front ceint des couronnes qu'ils y avoient remportées; ils y ont été admis, comme vous, dans un âge peu avancé; mais ils n'ont vu l'honneur qu'ils recevoient que comme une obligation de rentrer dans la lice, & comme la barriere de laquelle ils devoient s'élancer, pour prendre une course plus soutenue & plus rapide, & prétendre à de nouveaux lauriers.

Mais par ces conseils, que rend bien inutiles votre ardeur pour la gloire que vous ambitionnez, je retarde trop long-temps l'hommage que nous devons à la mémoire de M. le Cardinal de Luynes: quoique l'éloge que vous venez d'en faire ne me laisse presque rien à dire qui n'en devienne une répétition moins éloquente, il me reste encore quelques fleurs à répandre sur son tombeau.

Grand par sa naissance, par ses dignités, par ses vertus, M. le Cardinal eût pu sans doute se rendre recommandable par ses travaux littéraires, si la sévérité de son état & l'élévation de son ministere lui eussent permis de répondre au sourire enchanteur des Muses profanes. J'ai dans les mains un manuscrit que tout Ecrivain auroit pu livrer à l'impression; c'est la relation très-étendue qu'il a faite de son voyage à Rome, lorsqu'il y fut reçu Cardinal. Madame la Dauphine, mère de notre auguste Monarque, avoit accepté cette relation, Ouvrage écrit avec pureté, noblesse, & simplicité. Il renferme les réflexions les plus judicieuses sur les Arts, qu'il aimoit ; & lorsqu'il y parle des cérémonies religieuses & du respect qu'elles exigent, on le voit pénétré de cette vérité, que la Religion & la Philosophie ne sont qu'une, non cette Philosophie audacieuse qui, dit-on, s'arroge le droit de tout renverser, mais cette Philosophie épurée, sanctifiée par son objet, qui est la connoissance approfondie de nos devoirs, & leur accomplissement envers Dieu, le Roi, & la Patrie. Si je disois, Messieurs, que dans cette assemblée il en existe l'exemple le plus frappant, qui n'en feroit l'application au Prince qui nous écoute, lui qui, dans l'un des rangs le plus élevé, ainsi le plus dangereux, a prouvé par toutes les actions de sa vie que la Religion est la perfection de la Philosophie.

Si M. le Cardinal de Luynes, pour se livrer aux inspirations d'un génie créateur, n'a pas eu les grands motifs qui ont animé les Bossuet & les Fénelon, tels que l'éducation des Princes destinés au Trône, dans toutes les occasions qui l'ont obligé de parler en public, avec quelle éloquence ne s'est-il pas acquitté de cette auguste fonction ? Peu d'hommes ont mis autant de charmes & de facilité dans la manière de s'énoncer. Il n'en est point qui ait possédé à un plus haut degré le talent de la parole & des mouvemens oratoires. Quelle puissance il leur donna, lorsqu'il s'offrit aux regards des peuples confiés à sa vigilance, après cinquante années passées dans les travaux de l'épiscopat, de ce ministère si saint, dont toute la conduite a autant d'yeux attachés fur elle, qu'il eft dans un diocèfe de perfonnes en état de juger. Il monte en chaire ; il y préfente l'hiftoire entiere de fes actions publiques & privées ; & c'eft au tribunal de trois générations, des grands-pères, des pères & des enfans, que fa préfence feule femble dire : Me voici, jugez-moi ; fi j'ai eu le droit de fcruter vos confciences & de les interroger, c'eft à elles-mêmes que j'en appelle fur l'idée que vous devez avoir de ce que j'ai fait. Alors tous ceux qui avoient le bonheur de l'entendre, ne virent dans cette longue fuite d'années, commencée dans l'âge des paffions, & continuée jufqu'à la vieilleffe, tous ne virent que cinquante années de perfévérance dans la vertu.

Ce Prince de l'Eglife, qui, malgré l'élévation de fon rang, avoit eu la modeftie de ne point préfumer de fes forces, avoit préparé, pour ce jour folennel, le difcours qu'il devoit alors prononcer ; il en lit laborieufement quelques lignes ; mais le fentiment qui l'agitoit répandoit un nuage importun entre fes yeux ; & le papier qu'il tenoit à fa main, il le jette, impatient de ce que fa voix ne peut fuivre fon cœur, &, fi j'ofe me fervir d'une comparaifon profane, tel que, dans Virgile, le vieux Entelle, il relève la tête, il rappelle fa vigueur première, fon regard s'anime, fes expreffions fortent avec toute la chaleur & l'abondance d'une ame pénétrée d'amour pour fes diocéfains, & avec cette onction fainte qu'il donnoit à fes paroles, & à laquelle ajoutoient fa dignité, le lieu, & la circonftance. Alors, à cet afpect vénérable, à ces accens paternels, il ne fut perfonne de ce nombreux auditoire qui pût retenir fes larmes. O larmes ! don précieux que la Nature a accordé à l'homme, pour qu'il pût fe réunir à fes femblables en un feul inftant,

& par un sentiment rapide & qui ne trompe jamais, vous fûtes sa récompense, & il n'en demandoit pas de plus flatteuse.

Messieurs, dans les regrets de ses pertes, que l'Académie, glorieuse de ses choix, ait toujours à s'applaudir d'avoir eu de pareils Confrères ; & si les fastes de la Littérature ne peuvent les placer sur la même ligne que les Bossuet & les Fénelon, qu'ils puissent toujours nous être proposés comme des modèles de vertu !